AF347539

RESET
Fabio Gianni Silvana Scano Greg Hansford
LudovicaGreta Editore

© 2020LudovicaGreta Editore
Tutti i diritti riservati/All rights redserved

RESET 2020

Autore: Fabio Gianni, Silvana Scano, Greg Hansford

Copertina:Fabio Gianni"Panic room" print on aluminium
Courtesy Ken's International Gallery

© LudovicaGreta Editore, Firenze - IT
® LudovicaGreta Editore

ISBN: 9788894915426

INTRODUZIONE

La dislessia mi salverà N°11/h

Ora che sono sotto stress non riconosco più il significato delle parole, non riconosco più i fottuto quadro, quello giallo, faccio fatica a scrivere, mi sembra di non sapere il senso, la trama.

La grammatica, la sintassi e tutto il resto mi sembrano cose di un altro mondo, roba da "Fradi", mi pare di non sapere più scrivere neanche il mio nome, oggi sono tornato lì, dove sono sempre stato, ero completamente solo e non riconoscevo la mia firma, eppure era la mia.

Ecco, questo libro rappresenta tutti noi, noi tre.

Dedicato al piacere, non tentare di fermarlo.

"**Fabio Gianni** nasce a Firenze nel 1964. Frequenta la scuola di forografia presso l'Istituto Tecnico Industriale Leonardo Da Vinci nel capoluogo toscano. In seguito si iscrive al corso di oreficeria e gemmologia presso la sScuola Orafa fiorentina". Dopo aver conseguito il diploma segue un corso orafo di specializzazione e designer. Approfondisce il suo percorso artistico all'Accademia d'Arte di via Ghibellina, a Firenze.

Lavora per molto tempo per Ken's Art Gallery e varie Gallerie nel mondo. Fonda con il prof. Beppe Piano "Simmetrie infrante" realizzando opere in metacrilato e con ologrammi in riflessione. I suoi lavori si trovano in "permanenza" in importanti musei, fondazioni, brand e fanno parte di collezioni private nel mondo.

Silvana Scano nasce e vive a Santa teresa Gallura, bellissima località nel nord della Sardegna, autodidatta con al suo attivo tre pubblicazioni e vari articoli per testate giornalistiche. Con questi brevi racconti ci offre degli spaccati di vita vissuta.

Greg Hansford, gode di cittadinanza italiana, la sua passione per l'editoria associata a varie forme di scrittura, lo porta a collaborare con vari scrittori nazionali e internazionali. Premiato dal London Festival come l'autore più geniale ed estroverso.

RESET

Ma non c'è bellezza.....

Mi piace sentire il vento freddo sul viso mi fa sentire vivo, sono sul tetto, dove vanno gli orfani a cantare aspettando che qualcuno vada a prelevarli e a renderli felici, hanno tutto il mio affetto, mi connetto con l'ambiente tramite i cinque sensi ma questo non basta a farmi stare bene, come se vedere o sentire fosse sufficiente a farti apprezzare il mondo, è tutto da ridere, quando sei da solo, di notte e arrivano i demoni, cosa vedi ?

Ma non c'è bellezza senza decadenza, quella vera, quella nera, troppo sensibile? l'amore è con i poeti, quelli veri si intende.

Tutti i limiti di un artista

Lo sai che parlare a vanvera, cioè alla rinfusa non è molto garbato? specialmente in certi salotti di provincia, dove ti servono il tè in tazzine di porcellana fatte a mano, omaggiate con i punti della coop, ti fanno accomodare sul sofà e la signora (quella figa) ti toglie le scarpe massaggiandoti i piedi, cosa che fa scattare in tempi brevi la telefonata, giu nei "paesi bassi", rimani imbarazzato ma stai al gioco comportandoti da signore, devi assumere un atteggiamento adeguato, tipo, niente sesso siamo inglesi, cazzate, scusate il francese, vorrei vedervi in una situazione del genere, comunque inizi a parlare pensando a cosa c.... dire, cercando nel tuo vocabolario (che tra l'altro è molto ridotto) le parole giuste, quelle di circostanza, provando a non fare figure di m…. cosa che di solito accade ."allora signor Carpathia come va la sua arte", ti fissano negli occhi godendo alla domanda senza risposta perché è così che avviene, non hai niente da dire, anche perché non lo sai neanche tu la minchiata che partorirai, perciò con voce bassa ti limiti a inventarti la risposta sparando la balla del secolo, il bello è che tutti ci cascano, dato che essendo un artista sono indotti a crederci.

Performance masochista N.1

Caro prendi la pasticca e fiondati a velocità smodata verso nord alla rinfusa, performance ad alto rischio, mi preparo mentalmente con fiducia ed entro dentro un sacco di velluto nero da sfilata, il tutto abbastanza minimale due tipi vestiti di rosa incensurato mi caricano in macchina e a gran velocità si schiantano sul muro poi arrivano i galleristi controllando l'effetto ottenuto o desiderato, mettendosi d'accordo per l'acquisto dell'opera, se l'artista vive la quota è molto bassa se al contrario rimane spappolato sul sedile beh è tutta un altra cosa, quello che rimane viene battuto all'asta, presentato in una cella frigorifero poi il personale controlla che non ci siano perdite , fatto l'accordo, il cliente può godersi l'opera in camera da letto.

Tipico esempio di "attaccamento del collezionista"

….meglio che niente

I modi più frequenti riferiti dal Truto sono commoventi, nessuno sa spiegarlo, tutti si danno un gran d'affare a iniettare dosi di buon umore con risultati deludenti e poco ortodossi, qualcuno cerca di spalleggiare il prossimo promettendogli mari e monti, non curanti della promessa fatta e non mantenuta, un esame più accurato ci induce a pensare al disturbo del Leader in quanto la mania di grandezza fa parte di certa gente, immischiata in affari non convenzionali, del tutto discutibili, e allora c'è un nuovo modo di fottere i politici, gli si fa credere di essere disperati come pochi, si prende un apparecchio con un tubo tipo quello per trombare il vino, si dice così, lo si riempie con del piscio di innocente, facendo scivolare il marchingegno nei pantaloni, quindi ci si ubriaca all'infinito, perso ogni freno inibitorio si offende lo statale mandandolo a c…re, poi il "delinquente" viene portato in ospedale e arrestato per aver bevuto troppo, lo si costringe a fare l'esame delle orine, per confermare l'avvenuto.

Ci si fa accompagnare in bagno e invece del pistolo si tira fuori il tubaccio facendo scorrere il liquido puro e cristallino, a quel punto, senza prove, le autorità sono costrette a liberarti seduta stante, anche se poco un vaffan…. è meglio che niente, magari dopo, (lo statale) con tanta compassione lo si fa risvegliare.

Memorie di un artista invisibile

la scelta n.21

Ora, adesso, in questo momento, sono disteso dentro una stanza di un ospedale, un ospedale psichiatrico, il capolinea degli artisti, io non so chi eri prima ma so chi sei ora, un ammasso di carne senza senso per non parlare dello spirito , neanche canonizzato, abbandonato a se stesso senza regole ne speranze, ma non è così, tutto è mutevole (se lo vuoi veramente) se no cazzi tuoi, te ne accorgi dalla camicia, quella dalle maniche lunghe, se si allenta, stai per ritrovare Dio che poi sarei io, se si stringe impedendoti anche di pis...re, beh la cosa si mette male, decidi tu, senza fretta, è sottile la linea che separa la superficie dalla profondità, sembra strano ma è così, c'è un momento in cui devi decidere da che parte stare, se rimanere a galla (paradossalmente approfondendo la questione) o lasciarti andare fino a inabissarti.

È una grande cosa essere testimone di quello che ti succede nella vita, proprio perché ti succede, tu esisti, non puoi rifiutarlo, non puoi esaltare le cose che ti piacciono e nascondere nel cassetto quelle meno belle pensando che non ti appartengono, è come vivere a metà , io sono bene e male, bello e brutto, e così via. Come artista non posso cancellare la mia follia, non posso impedire a qualcuno di amarmi, non posso impedire alla luna di nascere. Quando senti questo, ne sei grato, niente si getta via, non devi schierarti da nessuna parte, sei tu e basta, è questo credere in se stessi, niente può parassitarti , anche il baco sarà dalla tua parte, e io, con molto gusto lo bacerò sulle labbra, vi basta? o non ne avete abbastanza.

Sei pronto per affrontare il nemico?

Sei pronto?

Sei pronto per decidere da che parte stare?

Sei pronto per vivere?

O è più facile morire

Sei pronto a prendere il toro per le corna?

O è più facile chiudere il cancello Carpathia allora cosa cazzo vuoi fare

O fai di tutto per morire

O fai di tutto per vivere

Io ho deciso di vivere

Vi dico questo

Se c'è un tipo che adoro all'infinito (come persona) e chiaramente come musicista è il bene amato Roger Waters , iniziò tutto dentro di sè, quando capì che era lui ad aver costruito il muro nella propria vita riuscì ad abbatterlo, quando prendo coscienza di questo le barriere vanno a farsi fottere, il "Lego" è nato x essere smontato, un momento ma con chi sto parlando…

Sono io, l'altra voce.
Oramai viviamo in un'epoca tecnologicamente avanzata (almeno questo è il parere
generale). Sono attivi diversi Enti Spaziali, che lanciano satelliti che scrutano lo

spazio cercando di vedere sempre più lontano. Dicono di andare alla ricerca della vita
su altri pianeti.
Alla ricerca della vita?
Esiste la vita al di fuori del pianeta Terra?
A questo proposito ci sono opinioni diverse.
Chi crede negli extraterrestri, cosiddetti alieni,
chi pensa che essendoci miliardi di galassie con altrettanto miliardi di stelle, sia
scontato statisticamente l'esistenza di altre forme di vita.
Inoltre vari personaggi portano avanti determinate teorie: terra piatta, insegnamenti
presi da libri di cui non si conosce la provenienza effettiva.
E altre opinioni…
Possiamo dire che esistono varie correnti di pensiero su la natura umana e il rapporto
con l'universo.
Se affermiamo che vita crea altra vita, rimane improbabile trovarne nello spazio,
almeno fino a che continuiamo a distruggerla sulla terra.
Gli studi sulla teoria dei "quanti" conferma ancor di più il rapporto di interrelazione
del tutto.
Alcune filosofie confermate dalla scienza, affermano anche l'esistenza di una
coscienza collettiva, essa influisce sull'ambiente e su tutto l'universo di conseguenza.
Quindi possiamo ritenere che solo trasformando il nostro pianeta in un pianeta di
pace e produttore di vita in quanto "vitale", potremo

trovare essa nell'universo.
Riporto un articolo molto interessante dal Titolo
"l'eternità della vita- Daibyakurenge
1983 di Josei Toda".
"La vita esiste contemporaneamente all'universo. Essa
non precedette l'universo, né
venne dopo che l'universo si era formato; non fu dovuta
né a un caso, né alla
creazione di qualcuno. L'universo stesso è vita; sarebbe
un errore considerare la vita
come un fatto esclusivo limitato al pianeta terra".

Ma tu conosci il:
Giorno crudele?

Tutto ha un sapore immondo

oggi

Anche le carezze sono ruvide

oggi

Anche lo zucchero è amaro

oggi

Anche un sorriso è insufficiente

oggi

Anche il verde è grigio

oggi

Anche la luna è spenta

oggi

Anche le grida sono mute

oggi

Anche il leone è un coniglio

oggi

Anche il sonno è sveglio

oggi

Ma tutto questo lo trasformerò

oggi

Che bella la fede

Il mio urlo d'ingresso oggi è:

Quando stai per mollare, i topi abbandonano la nave che affonda, e la nave affonda.

Ma se non molli fanno a spinte per salire a bordo.

Il mio amatissimo maestro mi insegna ad andare avanti in qualsiasi situazione e io lo ringrazio dal profondo del mio blu.

Sono eccentrico, sorprendente, sono Ghinga, dopo l'amore abbandono il seme sulla coda della Dea, so per certo che non germoglierà mai fuori dal suo ambiente caldo e accogliente, forse un po' brutale ma necessario, d'altra parte sono un Nobile, il settimo conte Molecolare ormai de-caduto o volontariamente spinto, non adatto alla riproduzione e al senso del dovere, ma nessuno è perfetto, spingo il sole verso l'alto come fa il tessitore dell'alba cercando in ogni ruga del vinile quel modo dolce e inebriante da ipnotizzare la giornata, mi hanno sdoganato, come si fa con gli attori fuori moda, ho avuto la chiamata e non posso certo rifiutarla, devo vivere in accordo con l'universo, niente più angosce, niente più

egoismo, niente più paure, sono un tipo libero e il fatto di amare il nero non significa che non ami la luce.

Per certi aspetti c'è qualcosa di simile tra le cause che noi buddisti poniamo recitando daimoku di fronte al Gohonzon, e la teoria figa di David Bohm, non che io sia in grado di capire bene questo concetto ma seguendo molto Corrado Malanga che ne parla spesso e che adoro, ho aperto la mente.

In pratica il fatto è, qual'e il fatto? ora ci arrivo, secondo Bohm l'universo non è nient'altro che un ologramma e già questo mi piace un mare dato che lavoro spesso su ologrammi in riflessione, più precisamente con impiego di luce coerente (Laser), il genio dice che tutto esiste già, come se tutto fosse in un hard disk dove tutte le informazioni sono al suo interno basta aprirlo e andare a cercarle, ora, quando recitiamo x un obiettivo ci viene detto spesso che secondo la legge di causa ed effetto, il risultato, appunto l'effetto, esiste già, quando il tempo è maturo si manifesta, basta crederci allora, e qui subentra la fede.

Bohm fa un esempio bellissimo supponiamo che si stia leggendo un libro e che crediamo all'esistenza delle sole pagine che abbiamo letto perché ne abbiamo consapevolezza mentre non crediamo all'esistenza delle pagine non lette perché non sappiamo cosa c'è dentro, anche qui c'entra la fede, in realtà esiste tutto il libro e in un unico istante.

Ieri dopo aver cenato mi si è bloccato lo stomaco, ho iniziato a sentire il mio corpo

che mollava, mi sono steso con i piedi alzati, poi ho iniziato ad abbandonare tutto

quello che mi circondava, ho iniziato a vedere il nulla, tutti lì ha cercare di salvarmi

la vita, ma guarda questi come si preoccupano, che cosa bella, ma lo merito? sto

svenendo , brutta cosa, ma necessaria, sistema di difesa, pressione a zero , ma sempre

tranquillo, niente panico, non mi sento solo, sto solo molto male, dopo un po' x

fortuna comincio a sudare e le mie braccia sono attraversate da una corrente,

sensazione che ho già avuto, la pressione si rialza, e piano piano mi metto a letto,

passo una notte da incubo, non riesco a recitare (il mantra) ma probabilmente quello che ho fatto prima mi protegge ora, va meglio e in questo momento sto scrivendo questo , aspetta

un attimo, ma a chi mi sto rivolgendo?

Penso che dovremo rivolgere più attenzione alla nanotecnologia. Vorrei invece

esprimere una opinione sulla moneta virtuale, bitcoin ecc.

Il Blockchain è un nuovo paradigma destinato a rivoluzionare profondamente il

sistema economico, modificando alla base i concetti di

transazione.

Il motivo per cui il contante andrà a scomparire è logico, le banche incentivano le transazioni tramite le carte, non solo, si adegueranno alla moneta virtuale.

A quel punto qualsiasi transazione potrà essere fatta in rete, non avrà più significato stampare denaro e di conseguenza l'esistenza di sportelli bancari.

Ogni volta che faccio il tè verde è come se fosse la prima volta, non molto caldo, magari con un dolcino o biscottino. Quando scende giù per la gola ti porta lontano.

Società moderna, o meglio società contemporanea, il grande zoo.

Ancora esiste qualcuno che se sei mancino, cerca di convincerti che bisogna adoperare la destra. Per fare che?

Società contemporanea, tu che metti a fare ministri della repubblica persone anticulturali, con le facce sempre tristi, e soprattutto arroganti.

Li chiamano onorevoli... non riesco a vedere nessun onore.

Siamo in autunno inoltrato e le poche piante o alberi che vediamo ci incoraggiano con i loro colori, abbiate fiducia, siamo entrati in una nuova era.

Mentre ascolto Debussy (solo piano) la mente si sposta a quando andavo al mare in motocicletta, alcuni anni fa, forse più di alcuni, ma va bene così. Andavamo al mare e dormivamo sulla spiaggia con un falò improvvisato.

Oggigiorno potremo vivere di tecnologia e natura, energia rinnovabile e alimentazione sana, ma questo è un altro discorso.

Può darsi ma per me il discorso non cambia, la verità ha la strana abitudine di rivelare

se stessa e questo è l'esempio: La sabbia continua a passare nella sfera del tempo,

anche se lenta non si ferma, è inarrestabile, ogni tanto vedo un nuovo segno sul mio

viso, non so quanto tempo avrò ancora, mi chiedo, avrò fatto la differenza? avrò

contributo in qualche modo a qualcosa? avrò lasciato un segno? ho dei dubbi, avrò

fatto abbastanza? per me, per gli altri, difficile dirlo. Pensieri che si fanno sentire, con

forza, anche se non vorresti, non è facile, no non lo è x niente, io sono quello che

sono, sono le scelte che ho fatto, le azioni che ho fatto, devo accettarlo, senza riserve,

le uniche mie testimonianze sono in qualche Museo, in qualche collezione, in qualche

Galleria, in qualche libreria, ma mi piace pensare che io vivrò nel cuore della gente.

Demoni, maledetti, indispensabili, amici per la pelle,

anche se non lo sanno, se

sapessero, se immaginassero, se si rendessero conto che sto avanzando, che sto

progredendo, senza chiedere il loro permesso, ancora non ne sono sicuri, altrimenti

avrebbero già agito, per adesso si limitano ad osservarmi, a vedere le mie mosse,

quanta fatica ingannarli, staccarsi da tutto, anche da quello che ti piace, che vorresti,

illusioni, niente di più, ma tu le vorresti, attento si stanno avvicinando, spostati da li,

non sei al sicuro, quanta fatica superare un'ostacolo, mantenere in equilibrio gli

opposti, vincere ogni gara, ma poi perché, perché lo devo fare, si c'è un perché,

perché è una cosa pura una cosa bella, bella per chi? bella per la vita, la vita di

chiunque, non può essere così facile non sarebbe giusto, lo faccio per chi crede per

chi continua a volere la pillola blu lo faccio per me, per chi ti guarda negli occhi, non

posso deluderli, quanto amore sprecato lasciato li a morire, che dovrei fare?

voltarmi? no no anch'io ho bisogno d'aiuto anch'io ho bisogno di voi, ora non sono

più solo, ho i demoni che mi controllano che mi tengono sveglio, che mi tengono in

guardia che mi accarezzano, è vero non si getta niente, forse anche loro hanno il

diritto di vivere, di dire la sua, spetta a me anche se carini non innamorarmi di loro.

Vi basta? se non vi basta potete anche mandarmi a fare in culo, non posso pretendere

sempre le rose, un momento, ma chi sono io?

Indipendentemente dallo stile di vita, ogni persona con il suo carattere vive comunque attraverso un equilibrio fra giusto e non giusto, corretto e non corretto, armonico o dissonante.

"Honnin – Myo" letteralmente "da ora in poi" il significato di questo stesso istante è il presente e un attimo dopo è il futuro, come l'attimo prima è passato.

Ne consegue che passato presente e futuro sono raccolti nello stesso istante che noi percepiamo come presente.

Ovunque vi troviate potete percepire la vostra realtà in maniere differenti.

Proviamo a rallentare il filmato dei fotogrammi che incameriamo , nello stesso tempo, ascoltare i sensi. I rumori diventano suoni, i colori prendono la loro prospettiva, le persone intorno a noi prendono forma di arte, ecc. ecc.

Sicuramente la nostra percezione ne aggrada.

Una volta da bambino feci un sogno, volavo, sì volavo sopra la Biblioteca Nazionale di Firenze, impressionante, un sogno molto reale. Una sensazione unica. Da ragazzo ho avuto la fortuna di fare un corso di parapendio.

Sono usciti in commercio alcuni modelli di cellulari con intelligenza artificiale.

In una giornata di burrasca, tre aerei volano nel cielo sopra Toronto: un Boeing 707 proveniente da Londra, un Dc-8 partito da Los Angeles e un Aeronca, un piccolo aereo privato.

Alla guida dei tre apparecchi ci sono tre uomini, ciascuno dei quali è alle prese - oltre che con le difficili manovre di pilotaggio - con problemi personali e psicologici. Jack Friday, pilota del Boeing, attaccato in forma morbosa al proprio lavoro, sa con certezza quasi matematica di essere al suo ultimo volo: finora è riuscito a tenere nascosti i misteriosi disturbi che lo affliggono da qualche tempo, ma sa che ormai il gioco non può durare a lungo. Jhon Summer, comandante del DC-8, è a una svolta decisiva della sua intricata storia sentimentale: deve scegliere tra l'amore della moglie Susan e quello di Lee, una ragazza incontrata per caso, il cui affetto sta rivelandosi forse troppo importante per lui. Infine, il giovane Mark Winter, a bordo del suo piccolo aereo, lotta contro la propria inesperienza rischiando a ogni istante di rimanere in balia degli elementi.

All'insaputa di tutti e tre, il destino fissa ai piloti un tragico appuntamento, rendendoli protagonisti di uno tra i più spettacolari incidenti aerei.

Scusa ti dispiace passarmi il caffè…

Ti dirò, dopo il caffè, o meglio ancora col caffè ci sta un bel cicchino ed è quello che mi preparerò adesso. Sono sul divano e mentre mi sto accendendo la siga mi viene in mente che lo posso fare, cosa?, mi alzo e in punta di piedi mi avvicino al mio libro, devo muovermi con lentezza stando molto attento a non svegliarmi, a questo punto rubo (brutta parola) uno step.

Una parte di un capitolo, io sono li che dormo e perciò devo stare attento a non svegliarmi

Sfilo piano piano il libro verso di me facendolo scivolare da sotto la mia guancia, probabilmente mi sono addormentato sopra, così una volta preso lo inserisco in questo RESET del cazzo, non sarà nè la prima nè l'ultima volta che succede almeno finchè non me ne accorgerò e allora per me saranno guai, ho notato che in questo scritto ho una avversione verso un tipo di giallo, amando solo quello canarino posso comprendere il perché, eccolo.

C'è sempre una pausa quando la giuria si ritira, il futuro è solo un estensione dopo il punto, lo puoi rinominare, mi chiamano di notte e mi obbligano a firmare, in due minuti sono già un attore porno, non che mi dispiaccia, sia ben chiaro, profanare (parola grossa) le aperture della

Dea è il massimo del piacere, comincio a spogliarmi e mi chiedo perché abbiamo scelto una fava come me, per i capelli rossi lunghi? per la mia pelle bianca-trasparente? a vanvera? o perché sono solo un artista, comunque mi preparo mentalmente, per quanto riguarda il fisico non c'è problema.

Sono una delle singole unità, perché di solito si è da soli, abbandonati a se stessi, inizio la performance, mi butto nella mischia e nel marasma di ciccia bollente vedo la tipa con indosso un bracciale Giallo Senape. Mi arriva subito il bruciore, cazzo che angoscia, quando lo stomaco si chiude il cibo rimpozza e non può adagiarsi al calduccio per poi farsi coccolare dall'acido, costretto a risalire imbraccia il lanciafiamme , mentre sono lì che cerco di non pensare x far durare l'av-venire , mi arriva dietro un vento freddo che mi congela le chiappe, questo non mi aiuta e mentre prendo tempo devo cercare in fretta un numero da accoppiare a questo colore del cazzo , mi sento male, di merda e non posso certo fermarmi, il produttore è qui e aspetta il Coitus Interruptus, ho la classica sudorina da diarrea e il cervello in modalità turbina, poi ecco il miracolo la ricerca è finita, il numero adatto è 12, un numero reale, reale questa cippa, vedi non so se riesco a superare questa fase. Nel codice criptato zeba ha un valore importante, significa che sei arrivato alla meta, di solito si intende la perdita del seme accompagnato da un dolce ahhhhhhouuuu e un senso di stanchezza, certo questo per i cinquantenni, il pischello si sentirebbe fresco come la ricotta.

....non catalogabile

Ho una Dea sul sedile anteriore, una siga nel taschino, Harold Budd nell'anima e sono schifosamente felice, semaforo rosso, via libera, sono in strada, vedo una faccia, identificata , accelero , tutto in regola , semaforo verde, stop , contraire, ci sono, esco mi guardo intorno avrò la mia giornata al sole ? Galleria , primo piano , corridoio ascensore, prima sala del c…. , seconda sala del c…. , terza sala del c….. , poi eccomi ci sono quella e` la mia opera, bianca leggermente traslucida, cartilaginea, organica, funerea, di grande impatto emotivo, vi disturba? È fuori luogo avanti nel tempo, senza pudore cruda come la carne, niente eta' e tragicamente non catalogabile.

Io credo nell'amore non solo nel riceverlo ma nel darlo che venga corrisposto o no non me ne frega un bene amato cazzo noi che abbiamo il Lap lo sappiamo bene,

è il tocco degli Dei che ci interessa.

Ne basta uno

"Giovedì, respiro aria rarefatta, sono un bambino senza mamma, un buco nel muro, sto somigliando sempre più al Fudo, il Fudo è un animale di circa 3 metri,5 giacca nera e cravatta di pura codardia, forse gli servirà un giorno per appendersi, ha gli occhi stanchi e sulla schiena un logo stampato a fuoco lento, salgo sulla sedia, per accertarmi del dolore e con l'aiuto di un cerchio in vetro chiamato lente vedo i caratteri scritti in masochismo antico, traduzione: devo renderla devo renderla, questo Fudo va salvato, tu fallo e salverai il mondo intero, mi sveglio di colpo, che incubo c…. che incubo, sapete come trattano i Fudo in Impavidostan?

Li fanno salire su un Caterpillar, tutti schiacciati tra di loro ogni tanto li bagnano con una pompa da vigile del fuoco, soluzione già vista nell'Olocausto, gli bendano gli occhi con un cappuccio stile Jodorowski e li trasportano a velocità media verso i confini del mondo in modo da non sognarli più la notte, è probabile che una unità sia scampata all'esodo e questo, da solo, risvegliandosi alla sua missione cambierà il mondo.

Un nuovo anno è arrivato e come di consueto ci appare come se il semplice nuovo anno porti qualcosa di eclatante. Purtroppo questo lascia un amaro in bocca, credendo che tutto cambi in automatico.

Sempre più spesso sento le mie ossa doloranti, il tempo avanza e lo spirito innovativo viene meno.

Una rapida riflessione interiore mi porta a comprendere che l'agognata trasformazione risiede in una approfondita ricerca della propria natura più profonda.

Nella vita ognuno di noi ha sperimentato diversi maestri, in famiglia, sul lavoro, nello studio. Personalmente ho avuto la fortuna di trovare anche un maestro di vita, il mio SENSEI, un maestro buddista, un uomo che ha dedicato la propria vita agli altri, trasmettendo con il suo comportamento e le sue azioni un modo di vita corretto, adatto a tutti i tempi. Gli sono veramente grato, grazie a lui che trasmettendoci gli insegnamenti del Sutra del Loto, posso apprezzare al meglio la vita, e lo farò fino in fondo.

Che tempi, io sono nato a Firenze, in pieno centro storico e in casa, niente maternità ospedaliera, mia madre nel partorirmi è stata aiutata da mia zia.

Da bambino ricordo, che potevamo giocare nelle strade del quartiere, ancora esistevano i quartieri, oggi è solo una città turistica, e anche noi fiorentini siamo diventati come dei turisti.

Giocavamo in piazza Santa Croce, una bella piazza, con i sassolini in terra e la chiesa appunto di Santa Croce, nel mezzo della piazza c'era la statua del grande Dante

Alighieri.

Quante volte io e i miei amici ci siamo arrampicati sulle aquile di marmo che sono ai piedi del Dante.

Quante volte siamo saliti sui tetti della chiesa attraverso le scale a chiocciola che partivano dalla sagrestia e salivano su per il campanile e arrivavano fino ai tetti, che emozione, ci mettevano sdraiati sulle guglie a guardare dall'alto la piazza, e credetemi è veramente alta, a ripensarci ora, devo ammettere che eravamo degli incoscienti. Ogni tanto però i preti se ne accorgevano e dovevamo scappare di corsa, correndo gravi rischi.

Le piccole vie di Firenze erano un incanto, poca gente, gente semplice e nel quartiere ci conoscevamo tutti.

Sono nato in via delle Burella " anticamente via delle Budella" forse era chiamata così perché nel sottosuolo di quelle vie ancora oggi esistono delle gallerie che partendo dal Museo del Bargello arrivano fino a piazza Santa Croce, si dice che anticamente erano usate per far passare le belve e i gladiatori, essendo stata piazza Santa Croce un antico foro Romano.

Le stesse gallerie in seguito sono state usate come carcere.

Immaginatevi un carcere sotterraneo, senza luce né latrine, infatti i prigionieri non ne uscivano che distesi.

Quante volte ho fatto il bagno come tantissimi altri fiorentini in Arno, sotto il ponte alle Grazie, in Pescaia, e altri posti ancora, quello era il nostro mare.

Ecco, arriva un cambiamento.

Curiosamente mi lascio avvolgere dalla realtà a venire, come un'onda che ti trasporta in varie vite. Quante immagini incameriamo nella nostra mente, quanti suoni, odori e gusti assaporiamo. I sensi, come sensori fra noi e l'ambiente.

10 Febbraio, giornata mondiale per gli extraterrestri.

Nel corso degli ultimi decenni gli avvistamenti dei cosiddetti UFO, sono aumentati in maniera esponenziale.

Milioni di terrestri in tutto il pianeta, oramai credono fermamente negli alieni.

In internet troviamo moltissimi filmati su questo argomento, i più disparati attraverso divulgatori, cercatori di alieni, addotti, tutto di più.

Ho un amico convinto che sul pianeta ci siano extraterrestri, anche di varie specie e forme. Tutto può essere.

Hanno astronavi più veloci della luce? Passano attraverso dei buchi temporali?

Arrivano da un'altra dimensione? Ci sono sempre stati?

La società è molto variegata, la vita di ognuno di noi sperimenta fasi positive e affronta periodi di confusione, squilibri che portano a rimettere tutto in discussione.

In questo viaggio nel tempo incontriamo moltissime persone con quella che definirei una mentalità finita. Ovvero. Spostandoci nello spazio dell'universo troviamo due correnti di pensiero: chi crede che abbia un inizio e una fine, e questa è l'idea di finito. Il contrario, cioè senza inizio né fine, infinito.

Ritornando all'essere umano, così come una componente dell'universo stesso e come microcosmo, dotato delle stesse componenti e sicuramente con la capacità di interagire con esso in maniera sicuramente più potente nei confronti di altri esseri viventi, dagli animali alle piante ecc.

Quindi se consideriamo la vita umana finita o infinita, farà la differenza.

Chiunque oggi sa che il pensiero precede un'azione materiale e una conseguenza sociale, rivolta al proprio ambiente.

Il grande nodo sta nella consapevolezza del ciclo di nascita e morte.

Italia, siamo entrati nel 2019, gli argomenti con cui siamo aggiornati dal Mainstream oramai sono sempre i soliti fino a plagiare la mente umana, migranti, razzismo e violenza.

Migranti. Questa è il nome di copertura della tratta di schiavi.

Razzismo. Questo è il nome dato invece agli italiani negli ultimi tempi a chi contraddice il sistema.

Il potere delle lobby finanziarie, che ormai dirigono la politica.

Diversi anni fa si discuteva sul fatto che il grande business non sarebbe stato quello di spostare merci e prodotti, bensì quello di spostare esseri umani, appunto col nome di migranti.

La maggior parte della Politica, Finanza, Magistratura.

Fuori di testa. Troppo lontani dal mondo reale.

Il tempo delle fake, di opinioni di agenzie di rating, giudizi superficiali, denaro solo per avidità.

Fuori di testa.

Tutto questo a scapito di altre persone, ma in primis di un disprezzo inconscio della loro stessa vita.

Fuori di testa.

Si è vero, dovrei essere più comprensivo per questa società malata.

Stupida società malata.

Ogni sera mi soffermo a guardare il cielo, proprio ieri ho visto una scia lunghissima, di un colore rosso fuoco sfrecciare a una velocità altissima, un meteorite. Una sensazione intensa.

Stupida società malata.

Vorrei fare un corso per apicoltore.

Un attimo di limbo sovrasta Regina.

Mi raccontò che anni prima, ancora in giovane età, nel suo paesino del sud, si era innamorata di un boss della zona. Nel tempo questa relazione venne meno, la droga aveva preso la loro attenzione e tutto si fece complicato. Sopravvenne uno stile di vita al limite. Droga e armi.

Litigi continui per una tensione che non veniva percepita,

perché attenuata dagli stupefacenti.

Anni dopo trovarono l'uomo con un colpo di pistola in testa.

Era l'inizio di altri anni di guai, guai differenti.

Siamo a Marzo, sono nato a Marzo.

In Toscana si dice Marzo pazzerello, in relazione all'alternarsi di giornate di sole e giornate di pioggia.

Marzo il mese dei campionati di Formula1 e di MotoGP, Superbike ecc.

Il mese della fioritura, l'avvicinarsi della primavera dolce. Di cieli stellati e forse di avvistamenti ufo… forse.

La vita è un sorriso continuo, l'istante, amato e maledetto. Profondo il pozzo del Karma.

È notte fonda, il corpo è stanco, cerco di rilassarmi, la mente è come un vampiro assetato di sangue, di vita. Non vuole dormire, non vuole morire lontano dalla coscienza non si vuole staccare dall'ambiente, è un tutt'uno.

Non saprei dire dove avevo sentito queste frasi, forse in un film, alla radio, o forse lo avevo semplicemente immaginato, sognato. Oppure lo stavo vivendo. Non riuscivo a mettere a fuoco. Poi improvvisamente la calma, desiderosa di iniziare un nuovo sogno, un nuovo viaggio verso un'altra dimensione. Da piccolo facevo un sogno ricorrente. Vedevo un pianeta simile alla terra che ardeva, come un grande vulcano, era abbastanza lontano, vedevo il pianeta nella sua interezza. E io dove ero per vederlo da quella prospettiva?

Ogni tanto mi torna a mente e lo rivivo chiaramente.

Fare una esperienza del proprio obiettivo è come una caccia al tesoro, bisogna saper leggere gli indizi.

Allora cosa pensi di questo:

Tempo fa al Kaikan ho rivisto un grande amico con cui ho condiviso nei primi anni 80 l'attivita di Sokahan abbiamo parlato dei vecchi tempi, di quei momenti bellissimi passati a costruire e a proteggere il nostro amato centro e i membri che ne facevano parte, parlando della nostra squadra (i bianchi, all'epoca i Sokahan erano divisi x squadre) ci siamo ricordati un'esperienza di uno di noi che ha dell'incredibile:

Dovendo tornare a casa a Bolzano x le vacanze natalizie il tipo era pronto x partire ma gli viene in mente di non aver salutato 2 membri del suo gruppo, niente di che penserebbe qualcuno ma questo x lui era un peso non sostenibile perciò decide di tornare indietro con un grande senso di chioccia, che bello, questo gli ha salvato il culo, scusate il francese, sul quel treno, più avanti, si saprà dal tg, esplose un ordigno. Purtroppo ho saputo che il tipo non pratica più, ok, lo posso accettare, spero almeno che abbia ancora una grande gratitudine.

Penso che praticare questa meravigliosa filosofia buddista sia come aver ricevuto un regalo, sarebbe scortese rispedirlo al mittente

Eccomi, sono la terza voce.

Procastinare.

Nonna posso andare a giocare in giardino con le mie

amiche?

Hai fatto i compiti?

No, li faccio dopo.

Ah, no lo sai come la penso, non rimandare a domani ciò che puoi fare oggi.

Uffa, ma dopo è buio.

No, no, prima il dovere e poi il piacere.

E così sono cresciuta aspettando il momento in cui mi sarei potuta gestire il tempo come diavolo volevo.

I have a dream.

Devi avere un sogno nella vita, dico a voi , che non sapete ancora cosa fare da grande.

Da bambina quando mi chiedevano, cosa vuol fare da grande?

La mia risposta era, ballerina, astronauta, principessa lo ero già, poi crescendo cambi, veterinaria o scrittrice, artista, pittrice, c'è stato un periodo che volevo girare il mondo in autostop e diventare una figlia dei fiori, un hippie, è un problema quando ti piace tutto... e io ne avevo diecimila di sogni.

Il mio errore era avere troppi sogni.

Mi sposerò in rosso sognavo da bambina, chi sapeva mi spiegò che rosso è il colore della vergogna... mi resi colpevole sin da subito, perché non ci fossero fraintendimenti futuri.

Ebbene sì, sono colpevole, forse di vivere e di non essermi mai tirata indietro nelle situazioni ho sempre pagato di prima persona le mie scelte giuste o sbagliate.

E comunque rosso è il colore della passione, senza passione non si può vivere è un sentimento impetuoso forte e istintivo.

Non sono mai stata attirata dalla " normalità", ho sempre ammirato le persone che hanno il coraggio di osare, di andare controcorrente, forse non sapevo cosa fare da grande, ma sapevo cosa NON volevo essere, non volevo essere noiosa, né banale, né limitata, volevo essere libera di immaginare, volevo lasciare un pezzettino di me alle persone care, non volevo essere un numero non volevo seguire le mode, volevo fare qualcosa che mi rispecchiasse e non mi venisse imposto e soprattutto non volevo dipendere da nessuno.

Crescendo impari a districarti nelle difficoltà a seguire le ambizioni, ad apprezzare le piccole cose a rincorrere i sogni o cambiarli (perché no?) A tirare fuori le unghie se necessario pur di vederli realizzare.

Non c'è un percorso giusto o sbagliato.

C'è un percorso e non fa niente se negli anni hai collezionato quanche delusione e qualche cerotto sul cuore.

Anche quello farà parte della persona che sei o che sarai.

Un equilibrista in bilico tra sogni e realtà.

See you.

Bel giorno a tutti, la mia risposta oggi è:
Senza amore non c'è niente a muoverci.

Detto questo devo ritrovare una persona che non vedo

da tanto tempo, la cerco da una vita, che rincorro da sempre, la cerco dalla notte dei tempi, dal tempo senza inizio , mi fermo in ogni Galleria d'arte che si rispetti, so che devo cercarla in quegli ambienti che non amo affatto, gente vuota, primedonne, solo io io io, non c'è spazio per gli altri, o per un tu, continuo in ogni luogo in ogni club di poesia, in ogni verde di campo, in ogni ospedale psichiatrico, la cerco dove c'è gente che soffre, dove c'è gente che ha bisogno di lui, o di lei, la cerco dove c'è il sole e dove c'è l'ombra, ma non la trovo, mi sento male, di merda e lontano da tutto, più cerco più soffro, no no non ce la faccio più, faccio più, le parole rimangono sospese in aria, tipo nuvoletta dei fumetti, con effetto eco, ed è ancora peggio, sì, ora inizio a ricordare, ho un momento di luce, ma senza esagerare, niente di che, penso che la persona che cerco sia un uomo, un'amica mi dice con affetto di provare a recitare un mantra, mi dice che se voglio ritrovare quella persona devo invocare quella frase in loop e così facendo la troverò, mi metto in posizione eretta in pieno stile giapponese, inizio, mentre lo faccio mi scendono le lacrime e cazzo, non riesco a fermarle, penso sono fottuto, no, comincio a percepire l'alba, il tramonto, il giorno, la notte, la luce, vedo tutto, si vedo tutto, e mi accorgo che la ricerca è finita, la persona che cerco è già qui, la persona che cerco, sono io.

Se si dovesse giudicare le persone dalla loro abilità oratoria, allora la maggior parte dei politici sarebbe qui fra noi, invece di farsi i fatti propri dopo aver promesso mari e monti durante la campagna elettorale. (vol2 cap3 p.174) NRU

Non possiamo ispirare le persone con discorsi astratti e teorici che non siano accompagnati dalle azioni. Le parole sostenute dalle azioni e dalle esperienze concrete invece sono persuasive e conquistano la simpatia delle persone. Quella simpatia cresce e su espande in una grande corrente di vittoria. Ecco perché i responsabili devono sempre prendere essi stessi l'iniziativa.

In ogni sfida, in quanto leader, dobbiamo essere

assolutamente convinti di vincere, assumendoci la piena responsabilità di tutto. Nulla è più deplorevole di un responsabile che, quando c'è bisogno che tutti si uniscano e lavorino insieme per vincere, resta seduto in disparte a osservare ciò che succede. Un atteggiamento del genere fa perdere a tutti gli altri lo spirito combattivo; un caso del genere viene definito nel Gosho "vermi nati dal corpo del leone". (vol 2, cap 4, p.273) NRU

Spirito di ricerca e gratitudine per la vita, fonte di esperienze.
Ho visto un video su youtube che parla di una interpretazione delle fisica quantistica.

Spiega che quando ci accingiamo a prendere delle decisioni, a livello subcosciente comunque abbiamo considerato anche le altre opzioni, quindi ne consegue che al momento in cui agiamo, nella decisione finale, spacchiamo lo spazio e di conseguenza l'universo, creiamo altre dimensioni dove tutte le opzioni possibili riguardante quel tipo di situazione si manifestano. Ovvero creiamo altri mondi.

Nel Buddismo c'è un concetto che si chiama appunto Dieci Mondi, dove spiega le dieci condizioni vitali che ogni individuo sperimenta in un attimo di vita. Anche questi stati vitali possono essere definiti come "dimensioni".Possiamo dire che la fisica quantistica è in accordo con l'insegnamento Buddista.

Attraverso una fase un po'così.

Così come?

Così!

A voi non capitano mai quelle fasi un po'così?

Ecco, anche a me.

Che certe volte mi sento un aliena,di un altro pianeta.

Che ci faccio qui?

Che ci faccio in questo posto?

Vi sarete fatti almeno una volta nella vita questa domanda, fin da bambini, forse perché non siamo stati mai capiti.

Ma poi lo vedi riflesso chi sei, lo senti forte e chiaro, chi apparire non vuoi. Essere liberi di mente è la cosa più bella, ma non sempre puoi riuscirci, io spesso vado al mare e mi immergo tra le onde, libertà di parola, libertà di pensiero, libertà di vivere la vita come ci piace, senza dimostrare sempre a qualcuno, libertà è questo il segreto per vivere felici.

La libertà è la possibilità di dubitare, la possibilità di sbagliare, di cercare, di sperimentare, di scegliere e di dire no.

E non importa se vai avanti piano, l'importante è che non ti fermi e se cadi sette volte tu rialzati otto. Ho scoperto di avere un anima vagabonda di non aver bisogno di niente di superfluo, che la mia vita posso chiuderla in una valigia, casa mia è dove poggio i miei piedi, ho scoperto che sentirsi libera è meraviglioso, e, come dice una famosa canzone " c'è che ormai che ho imparato a sognare, non smetterò ".

Mi sono stancata di dire: il meglio deve ancora venire, ecco perché ho deciso che oggi è un buon giorno per farlo arrivare a destinazione, fino a ieri ho fatto le prove generali, ora metto in atto la prima rappresentazione della mia nuova vita.

Non ci sono cose impossibili da fare ma solo recinti mentali dentro ai quali la paura ci rinchiude.

E che a volte mi sembra di aver sprecato tempo, occasioni, di non aver avuto il tempo di fare tutto quello che volevo fare...e di essermi fatta scappare mille treni, o certe mattine vorrei cambiare il mondo, altre vorrei cambiare vita, altre ancora emigrare...o chiudermi in un bunker...ok, esagero, come sempre.
Quindi...
Non mi farò atterrare dalla solitudine, ma ne farò una opportunità per amarmi...mi preparerò del buon cibo, ascolterò una vecchia canzone piena di ricordi a tutto volume, guarderò un vecchio film che piace solo a me e piangerò e riderò senza vergognarmi. Mi rilasserò con un libro e ballerò da sola a piedi nudi in giro per la casa.

Non mi deprimerò se nessuno mi è accanto, ma coglierò l'occasione per cantare stonando a squarciagola e godrò di un inaspettato silenzio.
Solitudine non mi fai paura, sono più forte io.
E vivo e sorrido lo stesso.
See you.

Ora sei più bella perché giri col sorriso di chi ha smesso di accontentarsi.

Ultima stazione. Speranza.

È difficile lo so, perché nei momenti di sconforto, nelle preoccupazioni è quasi impossibile restare sereni e pensare, agire positivamente, tutto sembra nero, non a caso di lei dicono sia " l'ultima a morire " perché oltre lei, è provato, non resta nulla, mentre dalle azioni nascono sempre tantissime e nuove possibilità.

Cogliete l'attimo (carpe Diem) rendete straordinaria la vostra vita, non perdere la speranza, non è grande chi raggiunge mille traguardi, ma chi impara a superare gli ostacoli, se siamo fatti di pura energia, allora niente è impossibile!

Credici e sei già a metà strada e finirai per trovarla la via se prima avrai il coraggio di perderti. Siamo viaggiatori con un solo biglietto e centinaia di sogni, puoi anche dimenticarti dei tuoi sogni ma loro non si dimenticano di te e alcuni si realizzano quando ormai non ci pensavi più.

Bisognerebbe sempre fare sogni grandiosi.

E se la vita ti mette in ginocchio fai finta di allacciarti le scarpe, il segreto è non odiare nessuno e non amare chiunque, devi distinguerti non confonderti, io non mi adeguo, figurati se mi arrendo. C'è un momento in cui devi decidere: o sei la principessa che aspetta di essere salvata o sei la guerriera che si salva da sola.

Forse c'è un posto dove le principesse rifiutano il bacio del Re e provano a rimanere donne .

Io ho scelto, mi salvo da sola, ho imparato a camminare con le mie gambe senza appoggiarmi a nessuno, ad affrontare la vita a viso aperto, guardandola in faccia con coraggio e senza paura, consapevole dei miei limiti ma anche del mio valore e tra tanti, a volte davvero troppi, impegni della giornata, ho imparato a ritagliarmi uno spazio tutto per me, rende la mente più leggera, ho imparato a riflettere prima di parlare, perché è facile giudicare gli altri, senza aver giudicato se stessi, ho imparato a costruire la mia vita su basi solide, su ciò che conta veramente e le tempeste non mi faranno paura.

" Impara a piacere a te stesso, quello che pensi di te stesso è molto più importante di quello che gli altri pensano di te " (L. A. Seneca)

Sono libera di essere ciò che voglio.

Non ho mai preteso nulla dalla vita, sono sempre stata umile, sono rimasta forte nella mia fragilità e ho fatto del " vabbè si risolverà " il mio modo di agire e tutto il " buono " mi è capitato per caso, non ho deciso a tavolino chi amare, mi sono lasciata vivere e non ho rimorsi per come ho agito o rimpianti per quello che non ho fatto, io sono la somma di tutti i miei errori e di tutti quelli che hanno toccato la mia vita in tanti modi.

Ora mi aspetto l'inaspettato, tutto il resto può farlo chiunque, e io, con chiunque, non voglio averci a che fare.   See you... siate ribelli.

Si è vero sono proprio i miei limiti, che creano la mia confusione, posso essere creativo, geniale, visionario, non classificabile non convenzionale, ma i limiti rimangono, cerco di superarli, di deviarli, di guidarli in un'altra direzione, questo va bene ma non posso cambiare la mia natura non posso farlo, fanno parte di me, anche se volessi, non posso essere quello che non sono, sono un artista e questa è la mia forma, a questo punto meglio far uscire tutto, sviscerare tutto piangere ridere, mettersi a nudo, come ho detto più volte, sono trasparente, non solo per la mia pelle bianca e traslucida ma dentro di me, ho dei momenti di buddità e momenti di buio completo, Riesco a percepire cose che altri non immaginerebbero, non ci penserebbero proprio, ho momenti poetici al limite della follia, solo vivendo con empatia posso provare tutto questo, soltanto così posso raccontare la mia vita, io amo e sono quello che sono, niente di più, volete il poeta? io lo farò per voi , chi sono io VERAMENTE? che ruolo ho nella vita degli altri? voi la sentite la sofferenza? la percepite in anticipo? mi dispiace per voi, se non è così, ma cos'è per voi la vita. Raccogliere? Catalogare? Archiviare? peggio ancora, Collezionare? Arricchirsi? Schiacciare? Ammucchiare?

Conquistare? Ringrazio la mia dislessia, non si getta via niente, almeno non sono stato plagiato dalle regole, dal buon senso comune, la regola, ma chi fa le regole? Non sono una unità molto intelligente, ne sono consapevole e di conseguenza neanche un intellettuale, tutt'altro, ho solo delle intuizioni, come ogni altro artista, diciamo la verità sono solo io.

Quando il seme nasce dal frutto

Quando il frutto nasce dal seme

Tutto avviene dall'interno, e questo che conta veramente,

Volete spengermi, ?

Affogarmi nell'oblio ?

Drogarmi di noia ?

Coprirmi di egoismo ?

Togliermi i colori ?

Volete che io pianga ?

Che non sorrida più ?

Volete che io mi volti ?

Volete questo ?

Volete che io finga ?

Che dia tutto per scontato

Che sia senza valore ?

Che mi vergogni ?

Che mi nasconda ?

Che non provi amore ?

Insomma cosa c.... volete

Siamo chiari

Non sarò mai come mi volete.

Perso in un pensiero oramai dissolto, provai la sensazione come se il tempo si fosse fermato. Ma subito percepii che il tempo si era realmente fermato.

La notte, il buio, l'oscurità che sembrava prevalere in questa vita che rappresentavo, infinita.

Dal diario di Dracula

Questa mia forma inderivata dal tempo indefinito.

Osservo la Luna, con le sue due facce. La prima

illuminata e l'altra sempre in ombra. Due punti di vista

all'occhio umano.

Umani, umani e ciechi, con la loro visione a 180°. Immersi nel cosmo.

Dal diario di Dracula

Decidere. Ecco una bella parola, onesta e coraggiosa, decidere chi essere, di quante preoccupazioni ci si libera quando si decide di non essere qualcosa, bensì qualcuno.

Puoi essere maniaca della forma fisica, amante degli

animali e della solitudine, magrissima o morbida,

indipendente o legata a troppe convenzioni, non sapere cosa farai domani o programmata fino al 2048, donne tanto diverse eppure così vicine, perché gli occhi si riconoscono, puoi sorridere spavalda alla vita, puoi essere un pensiero felice, una polvere di stelle, non cercare la perfezione, le stelle sono perfette, i fiocchi di neve sono perfetti, non noi, non dobbiamo dimostrare nulla a nessuno, se non a noi stesse.

Perfettamente imperfetta.

Eppure quella brutta sensazione di non essere mai abbastanza che pesa come un macigno, a volte riaffiora.

Benvenuta nel club.

Ci sarà sempre qualcuno che non comprenderà una tua scelta, la vita a volte fa male, a volte stanca, a volte ferisce, a volte non è facile, non è coerente, non è perfetta, non è eterna, sapere di aspettarsi qualcosa ma non immaginarsi nulla, viverla per come è, c'è sempre il rischio di perdersi in un sogno sbagliato ma è molto peggio perdersi in una realtà senza sogni.

Non guardare indietro punta ai tuoi sogni, non permettere a nessuno di fermarti, non aggrapparti a nulla che non ti renda felice e rinuncia a tutto ma non rinunciare a te.

Non aver paura di cancellare per tornare a scrivere, dovremmo fare come fanno i bambini : se non gli piaci vanno via, se gli piaci ti guardano, senza ansie e paranoie.

Ho premuto il tasto reset. Ho visto tutto ciò che è stato con gli occhi di chi sono adesso e i ricordi vagano, mi sono persa in tanti piccoli attimi, non siate donne perfette, amatevi spettinate stanche, siate sbagliate quanto volete siate donne felici.

Anche se a volte si piange, un pianto felice, un pianto di sfogo, un pianto liberatorio che alleggerisce e hai paura perché sei sola a fronteggiare le tue paure, io a prendere decisioni sono sempre stata un disastro, ma ce la metterò tutta e cercherò di andare incontro a tutto quello che verrà.

Ma da domani. See you....

L'accettazione supina non è contemplata

Coliamo il blu nell'acqua

Alziamoci col vento

Scaldiamoci col sole

Voltiamo anche la luna

Salutiamo pure il mare

Guardiamoci negli occhi

Gridiamo tutti insieme

Adagiamoci sul verde

Sogniamo se ci va

Pensiamoci ogni tanto

Facciamoci del bene

Vediamoci qui o la

Amiamoci per sempre

Vintage no vintage N.21/7

Il cronoprogramma di oggi è dei migliori, le note idilliache stanno vagando nell'etere, amplificando la vita all'infinito, ogni pensiero parola o azione (se creativi) produrrà quello che tutti vorrebbero, la felicità interiore, tutti i fenomeni che avvengono prodotti dalle cause poste nel passato non angosciano più mostrano soltanto quello che sono niente di più, se ognuno di noi cercasse questo tesoro dentro e no n nel pozzo dei desideri non ci ritroveremo come i Sustri ormai consumati nelle barbe, zuppi di avidità. Ora la verità ha la strana abitudine di rivelare se stessa e questo è meraviglioso, puoi guardare i Sustri negli occhi con assoluta onestà e con la massima convinzione, affermando che così non può esserci sofferenza, per questo, la verità se cercata porta alla libertà.

.....chi è libero dentro è libero ovunque

Le camole del miele succose e senza spine si godono il sole a primavera sognando di essere gustate in un piatto da Gourmet , i samurai con le costole frantumate e la psiche consumata spazzano le aiuole in segno di rispetto, si ripetono sempre questa frase "chi è libero dentro è libero ovunque", ma sono sempre in conflitto, si ascoltano il cuore calcolando la data di scadenza ma sono felici avendo consumato la candela da 2 lati, non c'è rimpianto solo gioia. Ho il raffreddore perciò mi sento particolarmente leggero e pieno di gratitudine, la vita che mi è stata concessa, grazie a un atto d'amore, è una vera botta di culo, scusate il francese, il passato ha una voce molto pressante dentro di me ma io inserisco cause nuove in modo da creare nuova vita, è una bellissima giornata, c'è un pollo arrosto che sta girando e il sole è alto, ho Shakespeare in tasca e Baudelaire tra i capelli, lo sapete sono un romantico, amo solo i fiori di campo e le lettere d'amore, sono un principe, anche se non registrato all'anagrafe, ma non è importante, quello che conta e' non chi sei ma quello che fai, al momento non c'è niente che possa convalidare la mia teoria. Sono solo un artista.

Fulmini

Era venuto a conoscenza di un piccolo borgo ormai abbandonato dagli abitanti in seguito al trasferimento dei giovani nelle città, gli adulti che a quel tempo facevano i pendolari, finirono anche loro per trasferirsi. Tra gli anziani alcuni hanno seguito i loro figli, e altri se ne sono andati a far parte della energia cosmica. Con il tempo non rimase più nessuno, e la natura si stava riprendendo lo spazio.

E lui, Vasco, che era nato in città, incuriosito da questo Borgo, situato nell'alto Mugello, in Toscana, decise di andare a dare una occhiata.

Vasco era uno sportivo e con la sua mountain bike, andava veloce in mezzo a tutta quella natura cosi lucente.

Era una giornata molto nuvolosa, la notte prima c'era stato un temporale estivo. In mezzo ai boschi che fiancheggiavano la piccola strada che portava al Borgo, l'aria era nebbiosa, residuo della notte precedente. Un nuovo temporale si profilava all'orizzonte.

La strada era molto tortuosa e dietro una curva Vasco sentì il boato di un tuono, non prometteva niente di buono.

Dopo qualche minuto alcuni lampi iniziavano a mostrarsi.

Poco prima di arrivare al Borgo, in una zona abbastanza aperta, si scatenò una luce abbagliante, era un fulmine. Vasco ne fu colpito a una spalla, un dolore quasi impercettibile, il senso di disorientamento si fece strada nella mente .

Il fulmine lo aveva colpito a una spalla trapassandola, formando un buco da parte a parte grande quanto una noce. Dopo un paio di minuti realizzò cosa era successo, sempre immerso nella nebbia dei pensieri iniziò anche il dolore, il suo corpo era ricoperto per metà di ustioni. La sensazione di svenire ogni momento come un ubriaco. Ma era vivo.

In quel tempo sporadico di lucidità, gli venne alla mente una concetto dal nome "ichinen sanzen" ovvero tremila condizioni vitali in un istante di vita, il ricordo di un pensiero elaborato, ma profondo. Una volta che lo hai ascoltato attentamente non sarai mai più lo stesso.

Tremila condizioni di vita in un istante, così composto:
Il numero tremila risulta dalla moltiplicazione del mutuo possesso dei 10 mondi (10 mondi x 10 mondi = 100 mondi), x i 10 fattori della vita x i 3 regni dell'esistenza; 100 x 10 x 3 = 3.000.

I DIECI MONDI E IL LORO MUTUO POSSESSO.

L'interesse principale del Buddismo riguarda la nostra condizione vitale: la gioia o la sofferenza che possiamo sperimentare in ogni singolo istante dell'esistenza. Ciò accade sempre attraverso l'interazione tra condizioni esterne e tendenze interiori. La stessa situazione – per esempio uno stesso posto di lavoro – è vissuta da qualcuno come tormento costante, per un'altra persona può essere fonte di soddisfazione.

Scopo della pratica buddista è quello di rafforzare lo stato vitale interiore, in modo da affrontare e trasformare le situazioni più difficili e negative.

Basandosi sul Sutra del Loto, il Gran Maestro T'ien-t'ai – studioso buddista cinese del sesto secolo – sviluppò un sistema per classificare le esperienze umane in dieci stati o "mondi". L'insegnamento dei dieci mondi fu adottato ed elaborato da Nichiren Daishonin, che evidenziò la natura intima e soggettiva di questi mondi: «Per prima cosa – si legge in un suo scritto – alla domanda di dove si trovino esattamente l'inferno e il Budda, un sutra afferma che l'inferno si trova sotto terra ed un altro dice che il Budda risiede a occidente. Ma, a un attento esame, risulta che entrambi esistono nel nostro corpo alto cinque piedi» (RSND, 1, 1008).

Quali sono i dieci mondi? In ordine dal più basso e negativo verso il più alto e desiderabile, troviamo: 1) il mondo d'inferno, una condizione di disperazione nella quale si è completamente sopraffatti dalla sofferenza; 2) il mondo degli spiriti affamati (avidità), lo stato in cui si è dominati dal desiderio illusorio che non potrà mai venire definitivamente appagato; 3) il mondo degli animali (animalità), una condizione basata sugli istinti; 4) il mondo degli asura (collera), stato caratterizzato dal bisogno irrefrenabile di prevaricare e dominare gli altri, convinti della propria bontà e saggezza. Questi quattro mondi vengono definiti i quattro cattivi sentieri per la distruttiva negatività che li contraddistingue.

Continuando, 5) il mondo degli esseri umani (umanità) è uno stato di tranquillità, nel quale appare la capacità di ragionare e dare giudizi sereni. Pur essendo alla base della nostra identità di esseri umani, questa condizione comunque vive di un fragile equilibrio e facilmente scivola verso uno dei mondi bassi quando appare una situazione negativa; 6) il mondo degli esseri celesti è lo stato di gioia tipico che nasce dopo aver realizzato un desiderio o evitato una sofferenza. I mondi fin qui illustrati sono a volte definiti i sei mondi inferiori: la loro caratteristica è quella di essere fondamentalmente reazioni alle mutevoli situazioni esterne. In essi si sperimenta una mancanza di vera libertà e autonomia.

Quelli che il Buddismo definisce i quattro mondi nobili rappresentano lo sforzo di vivere con integrità, libertà interiore e compassione; 7) Il mondo di degli ascoltatori della voce (apprendimento) descrive la condizione di aspirazione verso l'Illuminazione; 8) il mondo dei risvegliati all'origine dipendente (realizzazione) indica la capacità di percepire la vera natura dei fenomeni. Questi ultimi sono talvolta chiamati i due veicoli in quanto le persone che manifestano questi stati sono parzialmente illuminati e liberi da alcuni desideri illusori. Da un altro punto di vista questi mondi possono essere molto incentrati sul proprio ego tanto che, in molte scritture, il Budda ammonisce le persone dei due veicoli per il loro egoismo e autocompiacimento.

9) Il mondo dei bodhisattva è lo stato di compassione nel quale superiamo i limiti dell'egoismo e ci adoperiamo per il benessere degli altri. Il Buddismo mahayana in particolare enfatizza la figura del Bodhisattva come ideale del comportamento umano; 10) il mondo di Budda (buddità) è lo stato di perfezione e assoluta libertà, in cui si assapora un senso di unità con la forza vitale fondamentale dell'universo. Una persona nello stato di Buddità riesce a sperimentare qualsiasi fenomeno – comprese le inevitabili prove rappresentate dal malattia, invecchiamento e morte – come un'opportunità di gioia e appagamento. Lo stato vitale interiore della Buddità si manifesta attraverso l'impegno altruistico e le azioni del Bodhisattva.

IL MUTUO POSSESSO DEI DIECI MONDI

Il Sutra del Loto espone il mutuo possesso dei dieci mondi per rivelare che le persone comuni possono manifestare la propria Buddità così come sono, senza dover rinascere in un'altra forma o in un'altra terra. Il vero significato di percepire i Dieci mondi dentro la propria mente consiste dunque nel manifestare il mondo di Buddità che esiste nella propria vita. Per esempio, supponiamo di trovarci in una condizione senza speranza, in cui soffriamo nel mondo d'Inferno. Se percepiamo la realtà del mutuo possesso dei dieci mondi e siamo convinti che nella nostra vita esiste senza alcun dubbio la grande forza vitale della Buddità, riusciremo a superare qualsiasi situazione e infine a vincere.

Il cuore del concetto del "mutuo possesso dei Dieci mondi" è quindi che ogni condizione vitale contiene il mondo di Buddità: ciascuno di noi, in qualsiasi momento della propria vita e con qualsiasi stato d'animo, recitando Nam-myoho-renge-kyo ha il potenziale per sperimentarlo e manifestarlo. Inoltre, si ha la possibilità di comprendere meglio i sentimenti delle altre persone pensando che anch'esse sono dotate dei Dieci mondi, compresa la Buddità.

I DIECI FATTORI

In alcune tradizioni buddiste il Budda è presentato come un essere sovrumano, le cui capacità e saggezza vanno decisamente oltre la portata della gente comune. Il Sutra del Loto rivela invece che non esiste separazione tra la vita di un Budda e quella di una persona comune.

Il Budda è una persona che ha manifestato e perfezionato il suo stato vitale interiore al punto che le qualità di saggezza, compassione, energia vitale e coraggio sono pienamente realizzate. Nichiren Daishonin spiegò questo principio affermando: «Quando una persona è illusa, è chiamata essere comune, quando è illuminata è chiamata Budda».

Il Sutra del Loto presenta i Dieci fattori per definire la realtà fondamentale della vita. Nel secondo capitolo Hoben (Espedienti) si legge: «La vera entità di tutti i fenomeni può essere compresa e condivisa solo tra Budda. Questa realtà consiste di: aspetto, natura, entità, potere, azione, causa (interna), relazione, effetto (latente), retribuzione e della loro coerenza dall'inizio alla fine».

I Dieci fattori sono comuni a tutti gli esseri viventi, in ognuno dei Dieci stati vitali, da Inferno a Buddità. «Dire che tutti gli esseri dei Dieci mondi possiedono i Dieci fattori – spiega Daisaku ikeda – equivale a dire che, visti con l'occhio del Budda, non c'è alcuna differenza tra la vita del Budda e la nostra vita. L'Illuminazione di tutte le persone, quindi, è certezza».

I Dieci fattori forniscono una sorta di guida per analizzare le componenti essenziali che costituiscono la vita intera.

Nessuno può dire di non avere un "aspetto", altrimenti sarebbe invisibile. Allo stesso modo, nessuno può sostenere di non avere una personalità, o energia, o di non compiere alcuna attività. Fin tanto che siamo vivi, manifestiamo i Dieci fattori. Tutti abbiamo un'identità fisica costituita dalla nostra fisionomia, postura e così via ("aspetto") e una "natura" (gli aspetti invisibili del carattere come l'irascibilità, la gentilezza o la riservatezza). La nostra "entità", (o identità fondamentale), è composta invece dall'inseparabilità di questi due aspetti.

Il "potere" è la forza o energia vitale potenziale che ci permette portare avanti le cose, e l'"azione" è l'impulso che si produce quando viene attivato questo potere latente. La "causa (interna)" consiste nelle possibilità inerenti alla nostra vita e nelle tendenze karmiche interiori: la direzione che abbiamo creato attraverso i pensieri, le parole e le azioni fatti in passato. La "relazione" è la causa esterna che favorisce, provoca e attiva la causa interna. L'"effetto (latente)" è il risultato prodotto simultaneamente nella profondità della vita a seguito di questa interazione, mentre la "retribuzione" è il risultato visibile dall'esterno che appare col tempo. La "coerenza dall'inizio alla fine" significa che tutti questi nove fattori operano in perfetta armonia nell'esprimere il nostro stato vitale di momento in momento. Nel caso di un tumore, per esempio, la "causa (interna)" potrebbe essere il "potenziale" genetico che fa sviluppare la malattia. Attraverso l'azione di una causa esterna – uno stile di vita malsano, stressante, l'esposizione a radiazioni o altro, la "miccia" genetica viene innescata (effetto latente), fino a moltiplicarsi (effetto manifesto) manifestando i sintomi. Il processo prosegue attraverso i restanti fattori portando la persona a cadere in una grande sofferenza (stato d'inferno). Ma la stessa poi – decidendo di affrontare la malattia e di guarire – può sperimentare addirittura uno stato di gioia, che si manifesterà in modo coerente ed armonico attraverso tutti i Dieci fattori.

I Dieci fattori possono essere usati come uno schema per analizzare una data situazione. Osservandola attraverso questa prospettiva può risultare più facile individuare la radice di una sofferenza e innescare – attraverso la pratica buddista – un processo di trasformazione positiva. I Dieci fattori fanno parte del più ampio impianto teorico denominato "Tremila regni in un singolo istante di vita" (ichinen sanzen).

A un livello più profondo, Nichiren Daishonin spiega che i Dieci fattori sono la manifestazione della fondamentale, creativa e compassionevole vita dell'universo, che egli espresse come Legge mistica o Myoho-renge-kyo. Vedere in ogni fenomeno la manifestazione della Legge mistica della vita vuol dire percepire ciò che il Sutra del Loto chiama il "vero aspetto di tutti i fenomeni".

Questa verità non giustifica un atteggiamento passivo verso la vita. Non è corretto affermare che una persona è un Budda così com'è, anche se non fa sforzi o non si impegna a migliorarsi. Limitarsi a dire che la realtà, con i suoi problemi e sofferenze, è di per sé la vera entità che manifesta la vita illuminata dell'universo non porta ad alcun miglioramento nella vita delle persone o della società.

Il "vero aspetto" dovrebbe piuttosto essere interpretato come un potenziale da realizzare. Nichiren Daishonin insegnò che non è sufficiente essere consapevoli a livello teorico del vero aspetto delle nostre vite, al contrario esortava i suoi discepoli a impegnarsi nella pratica buddista calandosi profondamente nella realtà in cui vivevano, senza estraniarsi da essa. È trasformando noi stessi e il nostro ambiente, evidenziandone il potenziale positivo, che riveliamo il vero aspetto di tutti i fenomeni – lo stato di Buddità – nella nostra vita.

I TRE REGNI DELL'ESISTENZA, I tre regni sono

1. il regno delle cinque componenti,

2. il regno degli esseri viventi,

3. il regno dell'ambiente.

Dal punto di vista dell'essere umano, possono essere sintetizzati come "individuo", "società" e "ambiente". T'ien-t'ai ha ricavato la teoria di ichinen sanzen dai principi esposti nel Sutra del Loto, la scrittura buddista che è alla base del Buddismo di Nichiren praticato dai membri della SGI. Nichiren (1222-82) ha definito ichinen sanzen come "il cuore pulsante degli insegnamenti esposti dal Budda nell'arco della propria vita." È il principio fondamentale del suo Buddismo.

Questo schema in effetti è una sorta di mappa della nostra interazione con il mondo. Ci mostra che la vita non è rigida ma fluida, e che la nostra percezione delle cose può variare da un momento all'altro. Per qualcuno che si trova nella condizione depressa dello stato vitale di Inferno il mondo è un luogo opprimente, oscuro e senza speranza. I problemi sono insormontabili e contorti. Il passato, il presente e il futuro sono tetri. Eppure, un'impercettibile variazione di prospettiva, un raggio di speranza, una parola di incoraggiamento o una risposta possono trasformare in un attimo ogni cosa. Quando cambiamo la nostra ottica, il mondo ci appare sotto un'altra luce. Quando crediamo nel potenziale di cambiamento racchiuso in ogni singolo istante, quando cominciamo ad avere fede nella nostra Buddità, riusciamo a cogliere nuovi significati nel mondo che ci circonda.

Ma per quanto possa sembrare semplice, in realtà cambiare la nostra ottica di base può essere molto arduo. T'ien-t'ai sviluppò una pratica meditativa profonda ma notoriamente difficile riguardo alla teoria di ichinen sanzen per consentire alle persone di percepire la propria Buddità. Seicento anni più tardi, basandosi sulla teoria di T'ien-t'ai e sui principi del Sutra del Loto, Nichiren elaborò una pratica semplice ed efficace che poteva essere eseguita in qualunque circostanza.

La pratica di Nichiren di recitare Nam-myoho-renge-kyo con fede nella propria Buddità innata realizza il principio di ichinen sanzen nella vita di chi la segue. Più che permetterci di vedere le cose da un'altra prospettiva, l'insegnamento di Nichiren pone l'accento sulla capacità di trasformare positivamente l'ambiente per se stessi e per gli altri.

Nichiren esprime la realtà di ichinen sanzen in questi termini: «La vita in ogni singolo istante abbraccia il corpo e la mente, l'io e l'ambiente di tutti gli esseri senzienti dei dieci mondi e anche di tutti gli esseri insenzienti dei tremila regni; le piante, il cielo e la terra, fino al più piccolo granello di polvere. La vita in ogni singolo istante permea l'intero regno dei fenomeni e si manifesta in ognuno di essi» (Il conseguimento della Buddità in questa esistenza, RSND, 1, 3). Grazie alla profonda correlazione fra la nostra vita e tutti i fenomeni in ogni istante, un cambiamento nella nostra vita interiore si riflette su tutte le cose e determina un cambiamento dell'ambiente e delle circostanze in cui ci troviamo, trasformando in ultima analisi il mondo stesso. Come scrive il presidente della SGI Daisaku Ikeda, «il potere della fede, il potere del pensiero, muoveranno la realtà nella direzione di come la crediamo e la immaginiamo». La nostra ferma determinazione o preghiera permea l'intero mondo fenomenico e la sua influenza si manifesta maggiormente nel momento in cui agiamo.

La pratica sviluppata da Nichiren e applicata dalla SGI incoraggia le persone a sforzarsi costantemente per manifestare l'illimitato potenziale della propria vita, per affrontare e superare gli ostacoli alla felicità propria e della società, e quindi per costruire un mondo migliore, cominciando dal qui e ora.

Vasco, cominciava a percepire una sorta di rilassatezza

e energia, forse stava riprendendosi   dalla scarica del fulmine.

Anima sonora N. 35/kl

Ho perforato fino alla 9ª coscienza

Ho i .... pieni ma non è quello che pensate voi (mancanza di amore) è tutto così caotico, irregolare, incoerente, vorrei tanto mettere tutto in ordine, raccogliere il fogliame e sbattere la porta in faccia all'ottava coscienza, ed è proprio quello che faccio mi procuro un bel martello pneumatico da Leroy Merlin, con la punta al vidia, salgo le scale del palazzo-contenitore e arrivo alla camera di stoccaggio karmico, entro, e cazzo c'è di tutto, il magazzino di tutte le vite, le mie sia chiaro (ognuno ha la sua stanza) tutto quello che ho detto pensato e fatto è accatastato in questo spazio ermetico, tutte le cause poste sia negative che positive sono racchiuse quì, messe in posizione latente e pronte per manifestarsi quando il tempo è maturo, tipo bomba a termine programmata, per sicurezza mi sono portato

dietro anche un piccone, tanto per sfogarmi e fare un po'
di movimento, non voglio restare a corto di munizioni,
mi guardo intorno cercando il punto dà perforare, non è
facile, dovrò farmi spazio spazzando tutta la m..... che
mi circonda, sò per certo, abbracciando il Lap che c'è
un punto di accesso alla nona coscienza, il cielo azzurro,
incontaminato e libero dal karma, dove posso illuminare
le altre 8 evitando la schiavitù imposta da tutto quello
che ho fatto.

Una volta stabilito il punto esatto lo contrassegno con
una x , per coordinare ogni picconata, mi tiro su le
maniche e inizio a bastonare questo cazzo di muro, lo
vedo sgretolarsi piano piano, ogni pezzo che cade è un
sorriso in più, aumento la forza e i risultati iniziano a
vedersi, quel senso di impotenza e paura che mi parassita
sta scomparendo, lasciando lo spazio alla saggezza e
speranza illimitata, lo avevo visto lo st...... nell'angolino
a destra della stanza, (Il demone) ma non mi sono fatto
prendere dal panico ho imbracciato il martellone e via

verso la libertà.

C'è chi abusa della spezia trovandosi in paradisi artificiali e viaggiando alla velocità della luce, rubata all'inquilino del terzo piano, in casa di Polanski. Non c'è più rispetto per la mente naturale o per i viaggi in bicicletta, si cerca di spostarsi in maniera molecolare tipo Dott. Kappa, con il rischio di trovare il proprio pène con 2 teste e lontano da casa, magari proprio quando avrebbe fatto comodo, esempio; un dolce su e giù, il Gracio si muove con lentezza e senza mezzo, evidenzia la dinamica della vita, la sua incoerenza e mutevolezza, spiattellando a tutto il mondo le proprie debolezze, ma anche le sue forze, dalle azioni più nobili e altruiste all'egoismo più sfrenato e distruttivo, capisce il movimento, roteando di 180 gradi, verso nord, si fa portare in giro dal tassista, senza meta, mollandogli 20 crediti fino a esaurimento scorte, si gode lo sbadiglio temporale, aprendo tutti e due i finestrini, gettando la carta della gomma ormai secca e senza succo, poi si mette a urlare a squarciagola dicendo cose stupende, bellezza, gioia, speranza, amore, lo prendono per grullo come si usa in questi casi donandogli un centesimo come elemosina, qualcuno applaude trovandosi sulla stessa interferenza e sprigionando energia geotermica, arrivato a fine corsa scende dalla macchina in preda a un rigurgito gastrico, il mitico bruciore di stomaco, pensa di avere un potere, come se appartenesse alla famiglia Marvel, apre la bocca e fiata a tutto spiano i passanti annoiati e per niente stupiti gli consigliano di andare a cagare e di non farsi più vedere. Ma il Gracio illuminato da tutto questo con le lacrime agli occhi recita Nam-Myo-Ho-Renge-kyo

X i 3 potenti nemici

I loghi impressi sui campioni umani non sono sufficienti a fermare la voglia di libertà che corre nelle vite della gente, il governativo scuro o fortemente grigio denominato l'assistente cerca nelle carte ogni possibile mossa in quanto sicuro di trovarci il proprio tornaconto, le apre lentamente come si fa con il poker strusciando le ragazze se così si può dire, quasi strapazzandole e consumandone i bordi, si getta nella mischia cercando di arraffare l'asso mancante, ma il risultato è assai vago, la forza creativa dei cittadini è al di sopra della media e non ristagna mai, è come un interferenza di luce coerente (sia spaziale che temporale) sembra un Laser, la massa uniforme e con l'obiettivo chiaro in mente avanza con forza, sembra un Caterpillar, spazza via tutta la mediocrità e gli abusi di potere, non c'è politico che tenga o che voglia provarci, ormai alla deriva e senza appigli burocratici, piangono, si disperano cercando un compromesso, si cambiano le brache in continuazione ormai sporche e putrefatte, hanno perso anche quel genuino odore di merda che ricorda in maniera atavica il ciclo della vita, sono fermi, immobili, congelati, pronti per essere trasportati ai poli dove nessuna fonte di contatto è possibile, la modalità che presenta questo trattamento mostra una spiccata voglia di cambiare, quando viene illuminata da un senso di giustizia e onestà, priva negli amministrativi, la ricerca di questi su diversi campioni è tuttora in corso, altera di un po' la struttura della mente ma si cura di salvare gli onesti senza danni collaterali

La fase nasce scansando le pietre, arruffando il sole, spostando la luna, graffiando le stelle, scoprendo il nulla, spostando il contenuto, cambiando indirizzo, cambiando opinione, metto i capelli lunghi rossi in lavatrice, restando fuori dal cestello il più possibile, do un occhiata alla manopola e poi via a 60 gradi, a tutta palla, a quel punto entro anch'io e mi do una bella grattata, tutta la vecchia vita se ne va, ogni mia parte ha un indirizzo nuovo,sto molto attento, grattando il più possibile ogni cellula morta cercando di non lasciare indizi, il Dreccio è dietro l'angolo col suo bel distintivo da sbirro castrato, sta cercando di fregarmi il "signore", rammentandomi il passato in modo da fottermi il cervello, ma io gli regalo il mio dito, chiaramente rivolto verso l'alto come si fa per salutare un fottuto, ordine e metodo questo è importante, il controllo remoto, le magie informali e i colpi di sonno.

Tutto quello che abbiamo lo lasceremo qui, questo è un dato di fatto, e questo il Mintro lo sa bene, si dedica allo spirito cercando di fregare l'antica signora, passa da corpo a corpo parassitando a destra e a manca chi gli capita davanti, lo sfortunato si ritrova nel cervello (già bacato e ridotto ad una prugna) l'altro tipo, e comincia la discussione, il tentativo di conversazione sincretica, "
Parassitato: sono sempre stato una persona onesta
Mintro: a parte quando stupravo le signore in latteria

Parassitato: sono sempre stato una persona corretta, pieno di principi morali, un cittadino modello, Mintro: a parte quando vendevo la roba alle fighe vestito da "sindaco" Parassitato: sono l'uomo più buono del mondo.

Mintro: sono una merda schifosa un bastardo, un ladro un ruffiano un leccaculo un magnaccia un viscido un "politico" un bugiardo un pusillanime.

Parassitato: no sono buono io

Zitto zitto sono uno stronzo

No sono un angioletto

Io ti ammazzooooooo

Sono la persona piu solare del mondo

Io ti scortico vivo

Sono tanto bravo

Ti faccio a pezzi

Amo tutti

Ti sbudello,

e poi finisce tutto a tarallucci e vino, finche non si ripete
il ciclo all'infinito.

Nei momenti di vacche magre siediti e scrivi una lettera

(a chi non lo so) la cacca scende sempre verso il basso

portandoti in situazioni senza uscita, ti scordi il sole

sopra le nuvole e la dinamica della vita, vedi solo il

temporale, quello nero e la tua merdosa situazione, ma

poi ti risvegli pensando al culo che si fanno i salmoni e

senza lamentarti ti rimetti in piedi, niente di più osceno

di una creatura patetica, nessuna più ti trombera'. Dopo

questo, senti l'aiuto che ti arriva nell'orecchio e ne sei

grato, anche se meno importante il sesso ci vuole se no dopo un po' diventi giallo e gonfio nei bassi fondi, in una scala da uno a dieci lo inserisco al quinto posto dove si attestano i mediocri, non sono un macio e non importa, quello che conta è l'amore, sorpresi?
Coscienza di se

Non voglio più vivere secondo le vostre regole, il Castro animale sudato ma pulito ripete questa frase all'infinito cercando nelle parole la salvezza, sa che dovrà lottare per la giusta causa, si fa un esame di coscienza lavandosi la testa e scopre che la forza (quella di Lucas) è con lui, capisce che solo da un lavaggio interiore può esserci la libertà (magari usando della pietra pomice) prende coscienza di se e inizia la giornata con gioia sapendo che tutto dipende da lui, non si arrabbia più con la similpelle e neanche con le sotto marche (politici compresi) in ogni modo dovrà confutare il loro atteggiamento cambiandogli i vestiti.

Avete mai pensato come sarebbe stata la vostra vita se quel giorno aveste fatto una strada diversa?

Tipo il film " Sliding Doors " per capirci...la traduzione letterale di Sliding Doors è " porta scorrevole " viene usata non per indicare una porta scorrevole ma un momento preciso di una storia dove cambia il destino, tipo:

Cosa sarebbe successo se...

Avete mai avuto uno Sliding Doors?

A me è capitato di pensare a cosa sarebbe successo se non avessi perso quel treno.

Sliding Doors, un elemento assolutamente imprevedibile che può cambiarti la vita.

Forse se non avessi perso il treno all'uscita della stazione non mi sarei trovata bagnata fradicia non sarei andata a sbattere drammaticamente contro il palo del taxi....

- ehi, fai attenzione, ti sei fatta male?

- ummmm...ma quanto è alto il tipo, per guardalo devo alzare gli occhi al cielo (perché non ho dieci centimetri in più ?) Dicevo, alto, troppo, occhi verdi, capelli neri cortissimi, sguardo magnetico voce...(Vo-ce singolare femminile)

Insieme di suoni prodotti dalla laringe...

Vi siete mai innamorate di una voce?

Più inconfondibili delle impronte digitali ci sono le sfumature della voce e ti ritrovi a voler ascoltare quella voce all'infinito, quella voce calda, sensuale, dolce e intensa, chiamami voce, io sono qui.

Una famosa canzone dice " l'emozione non ha voce " e se le emozioni fossero in uno sguardo che si illumina, una risata spontanea, un abbraccio improvviso, un rossore nel viso che non puoi nascondere?

O semplicemente due anime che si riconoscono?

E le emozioni diventano gesti diventano occhi diventano labbra, quel bacio che... è arrivato dopo tanto tempo, quando pensavo che l'amore si fosse dimenticato di me e mi vengono in mente solo due parole... dov'eri?

Penso a me, alle strade diverse che giorno dopo giorno percorro e che per raggiungere me stessa ne ho passate tante, ricordo gli sbagli fatti, ricordo chi ero e penso chi sono adesso, mi tornano in mente le due strade, quel " se non avessi " ma poi penso che mi capiterà di prendere più di una volta la strada sbagliata, ma che quella giusta non si cancella non si sposta, ma resta lì ad aspettarmi.

Forse non esiste una strada più breve per essere felice, ma un percorso obbligato in cui il Karma riesce ad esprimersi nella sua forma più completa.

E sai una cosa cara Me, forse un giorno mi capiterà di rincontrarti, spensierata come a 15 anni con gli occhi di chi crede al lieto fine e il cuore di chi spera sempre, ma quello non l'hai perso, sono io quella che sogna e si sveglia sognando ancora, sono io quella che sbaglia, sono io quella che aspetta, sono io quella che spera, sono io quella che vuole dare un senso alla sua vita, sono io quella che grida che non è finita, prometto che se ribecco quella quindicenne, racconto balle le dirò che tutto andrà bene, nascondo le disillusioni e mi siedo.

Mi godo un quarto d'ora dei suoi sorrisi, magari mi ricordo di che colore era quella felicità.

E ricorda non puoi vivere una favola se non hai il coraggio di entrare nel bosco.

See you...

Sono pericolosa, sono una donna armata di ottimismo e dialettica.

Ti ho spaventato occhi verdi?

Siamo perfetti sconosciuti, eppure ci siamo ritrovati a ridere l'uno dell'altro, a raccontare le nostre vite a svelare i nostri segreti i nostri sogni le delusioni e le batoste prese, perfetti sconosciuti ma in quei momenti sembravamo amanti da sempre.

Tu colpito dal mio sorriso io dalle tue parole, perfettamente complici.

Non ti dirò che " ti amo " ma ti dirò che per stare un'ora con te passerei otto ore in treno per raggiungerti.

Sono pronta a ricominciare, ma stavolta da protagonista, sono pronta ai cambiamenti, al nuovo che arriva, al presente che muta, a intraprendere un nuovo viaggio, a cambiare casa, lavoro, vita, a smettere di parlare e iniziare a cantare e sorridere, sorridere sempre, credo che ridere sia il modo migliore per bruciare le calorie, sono pronta a un potenziale tsunami nella mia vita...

ho imparato che ogni volta che decido qualcosa con il cuore aperto prendo solitamente la decisione giusta perché l'amore non è fare la cosa giusta è fare la cosa che senti.

Mi auguro di svegliarmi sempre con un motivo per sorridere di pensare sempre che ne valga la pena, anche quando sembrerà che non ci sia una via d'uscita, mi auguro di avere meno dubbi e più speranze, mi auguro una vita che, anche se ce la mette tutta per essere in bianco e nero sia sempre a colori, mi auguro di non dovermi necessariamente spogliare per sentire i brividi, mi auguro di sentirli sempre sulla schiena, per uno sguardo rubato o un abbraccio sentito, ma anche di piangere, perché la bellezza di una donna risiede nei suoi occhi, ed è spesso con le lacrime che vedi passare il suo cuore.

Non saprei dire cosa è per me...mi fa stare bene, non è già abbastanza?

Ha risvegliato le mie emozioni, le mie passioni.

È Vita, vi pare poco?

E non mi aspetto un dopo, ho cominciato a pensare " ora

è così domani si vedrà " .

Ho voglia di viverla come se fosse l'ultimo raggio di sole e di avere finali da colorare.

Ho un nuovo giorno da raccontare e un foglio bianco da riempire, si chiama Vita ma solo se so come si scrive.

See you...

Sono Giornate forti e decisamente contorte , non è più tempo di sopravvivere, non è più tempo di gridare la nostra rabbia, non è più il tempo di dividere, anche se vorrei poter scegliere, ma è il momento dei costruire un nuovo tempo di ridisegnare orizzonti e di provare a , ripartire così alzi la testa , fissi l'orizzonte e salpi per un nuovo futuro, ricordando che qualunque cosa succeda hai vinto. Non saprò mai se rischiando avrò quello che voglio, se non provo a prenderlo. Le scelte si fanno, le conseguenze si vedranno. L'amore e indecente, coraggioso, geloso, per nulla educato. Egoista spudorato e vietato alla gente normale. Sicuramente non è da tutti, indubbiamente.

Se la passione e la follia non attraversassero le anime…

cosa varrebbe la vita. Ti sembrerà smielato è delirio

qualcuno cui senza non vivi. Buttati a capofitto, trova qualcuno che ami alla follia e che ti ami alla stesa maniera. Come trovarlo?... beh, dimentica il cervello e ascolta il cuore.

Basta parlare d'amore, passiamo ai "vorrei". Vorrei mangiare tutto quello che voglio senza ingrassare, vorrei amare senza soffrire, vorrei un mare senza meduse, vorrei viaggiare senza mai trovare porte chiuse, vorrei una vita con mille sorrisi senza paura e senza crisi.

Vorrei essere una sirena, fluttosa, glitterosa, magicosa appena uscita dal mare, vorrei viaggiare nel tempo, magari nel tempo di Cris (lo chiamano così, fa più figo). Ecco se fossi stata una candidata a Miss Italia, alla fatidica domanda "in che epoca avresti voluto vivere e perché"? Avrei risposto candidamente: nel 1492 per vedere la faccia di argilla di Colombo quando ha capito che non era arrivato nelle Indie.

Vorrei avere un piano in testa e portarlo a termine, il fatto è che io un piano ce l'ho, peccato che cambia ogni due mesi.

Vorrei diventare una perfetta stronza, attenzione, non significa diventare cattiva, ma può essere una caratteristica positiva e vincente: Prima di tutto bisogna imparare a essere realisti, babbo natale non esiste, il principe azzurro nemmeno, basta credere alle favole, devi far valere i tuoi diritti e quelli degli altri senza paura, fidati del tuo istinto e assumiti le responsabilità, non essere noiosa, rompiscatole e pignola.

Vorrei essere charming e tenebrosa e vestirmi da vamp e smetterla di stare seduta come un giocatore di baseball.

Vorrei sorridere un po' di meno, spesso sorrido troppo, dovrei vendere cari i miei sorrisi, fare in modo che le persone se li guadagnino.

Vorrei rispondere "fottiti" alle domande idiote.

Vorrei un angelo custode , che mi prenda per mano mentre annaspo nel caos della vita.

See you, Silvy

Fermo la macchina, scendo e apro il box.

Erano le tre del pomeriggio quindi avevo già pranzato.

Mi accorsi che in macchina avevo portato un panino, un

hot dog, come detto avevo già pranzato, ma decisi di mangiarlo.

Arriva un signore con una BMW, dice di essere il proprietario di due box accanto al mio.

Avevo messo la macchina di fronte a un suo box e mi chiese se rimanevo molto, dissi che potevo spostarla, tra poco sarei andato via.

 Mi disse: buon appetito.

Lì per lì mi prese alla sprovvista, mi venne a mente che forse pensava che ero in pausa pranzo, ahahaha.

A volte le situazioni si prestano a varie interpretazioni.

La realtà viene descritta come:" tutto è vero niente è falso".

RESET.

 Un ringraziamento particolare a chi detiene la mappa.
Tira fuori la mappa del tesoro e comincia a scavare, magari riuscirai davvero a capire chi sei.

© 2020LudovicaGreta Editore
Tutti i diritti riservati/All rights redserved

RESET 2020

Autore: Fabio Gianni, Silvana Scano, Greg Hansford

Copertina:Fabio Gianni "Panic room" print on aluminium
Courtesy Ken's International Gallery

© LudovicaGreta Editore, Firenze - IT
® LudovicaGreta Editore

ISBN: 9788894915426

www.ingramcontent.com/pod-product-compliance
Lightning Source LLC
LaVergne TN
LVHW041736190726
843493LV00008B/2377